日本を復活させる21世紀の経済学

もしケインズなら日本経済をどうするか

John Maynard Keynes

大川隆法
RYUHO OKAWA

まえがき

財務省に踊らされている日本政府や、何とかの一つ覚え風に「通貨の信認」や「インフレ・ファイター」を唱えている日銀を説得するには、ケインズ・クラスの大経済学者のご託宣を、「日本経済学の授業」としてお伝えするしかないだろう。

大恐慌が予想されているような緊急時には、ケインズほど有効な施策を考えられる経済学者はいないだろう。今の日本の政策当局に欠けているのは「発展」の思想である。山登りは、一たん下山を始めると、再び登山するのに、五倍、十倍の意志力とエネルギーを必要とする。日本国の資産を公表せず、経済発展の構想を描けない財務省主導の増税論には説得力がない。また、3・11の大震災で無力感に打ちひしがれ、思考力を麻痺させられている従順な国民の良心にだまし打ちをかけ、長期増税を押しつけるなど、地獄の悪魔も尻尾を巻いて逃げ出す所業だ。

さらにマスコミをも懐柔し、増税しても「国会解散」に持ち込ませないように画策している様は、民主政治ならぬ、「悪徳代官談合政治」である。

今は、絶対に緊縮増税財政をやってはならない。主権者は国民なのだから、憲法に言う通り、役人はパブリック・サーヴァントとしておつかえすべきだ。与党・民主党のマニフェストがすべて「ウソ」と証明された今、下野するのは当然だろう。国民を愚民視するんじゃない。

日本の生き筋は、環太平洋圏を含んだ、大経済発展である。そのためのヒントが本書である。

二〇一二年　一月十三日

幸福実現党創立者兼党名誉総裁　大川隆法

もしケインズなら日本経済をどうするか　目次

もしケインズなら日本経済をどうするか

——日本を復活させる21世紀の経済学——

二〇一二年一月三日　ケインズの霊示

Chapter 1

震災復興のための経済政策

Chapter 2

社会保障制度のあるべき姿

Chapter 3

「円高」や「TPP」をチャンスに変える

Chapter 4

EUの今後を予測する

Chapter 5

日本経済のさらなる発展のために

「霊言現象」とは、あの世の霊存在の言葉を語り下ろす現象のことである。これは高度な悟りを開いた者に特有のものであり、「霊媒現象」（トランス状態になって意識を失い、霊が一方的にしゃべる現象）とは異なる。また、外国人霊の霊言の場合には、霊言現象を行う者の言語中枢から、必要な言葉を選び出し、日本語で語ることも可能である。

もしケインズなら日本経済をどうするか

――日本を復活させる21世紀の経済学――

二〇一二年一月三日　ケインズの霊示

ジョン・メイナード・ケインズ（一八八三～一九四六）

イギリスの経済学者、官僚、ジャーナリスト。従来の自由放任型の経済理論を批判し、政府による積極的介入の必要性を主張した。世界で初めてマクロ経済学を体系化し、「ケインズ革命」と呼ばれる経済学上の大変革を起こした。主著は『雇用・利子および貨幣の一般理論』『貨幣論』など。

質問者

里村英一（幸福の科学広報局長）

黒川白雲（幸福実現党政調会長）

吉井利光（ＨＳ政経塾生）

※役職は収録時点のもの

プロローグ

具体案を何も持っていなかった白川日銀総裁の守護霊

大川隆法　明けましておめでとうございます。

昨日は、総合本部で、今年最初の収録をしようと思ったのですが、正月休みだったため、教祖殿・大悟館のほうで、白川日銀総裁の守護霊を呼び、二時間ほど霊言を収録しました（『日銀総裁とのスピリチュアル対話』〔幸福実現党刊〕として発刊）。

彼の守護霊は、特に具体的な案を何も持っていないような状態であり、「通貨の信認を守る」ということと、「インフレを防止する」ということを相変わらず言っていました。幸福実現党等が主張しているような、「日銀が国債を引き受ける」とか、「通貨の供給を増やす」とか、そういうことに関しては非常にネガティヴ（否定的）で、質問者の立木党首が、二、三パーセントのインフレ目標を提案すると、「インフレと聞いただけで鳥肌が立つ。絶対にノーだ」というような反応でした。これは、日銀が、長らく、インフレファイターとしての仕事をしていたからでしょう。

振り返ってみれば、日本は、戦後の荒廃期から立ち上がってくるとき、年率五百数十パーセントものインフレを切り抜けて、成長してきています。年率五百数十パーセントのインフレというのは、「通貨の価値が、一年で、五分の一から六分の一になる」ということです。

そのような時代に、日銀は、インフレファイターとして、通貨の信認を守る仕事をしていたわけです。確かに、当時、「通貨の信認を守りつつ、経済を発展させる」というのは、非常に難しいことだったとは思います。

しかし、二十年間もデフレが続いているような足踏み状態のなかで、「二、三パーセントのインフレすらも怖がる」というのは、あまりにも臆病すぎると感じました。

それと同時に、私は、「白川日銀総裁は、経済学として、何を信じればよいのかが分からない状態にあるのかな」という気もしたのです。

彼の守護霊は、「ケインズの経済学は役に立たないし、ハイエクやフリードマン風の自由主義経済も信用できない。特に、自分が師事したフリードマンのマネタリズムなどのような、『通貨の供給量を操作するだけで、景気を動かせる』という考えは、学者として甘かったのではないか」というような言い方をして、「自分のほうが見識は高い」と言っていました。

しかし、「結局、何もしない」というのが彼の〝見識〟なので、「そうであれば、日銀総裁の椅子には、猫でも座らせておいたほうが、もう少し、ましな仕事をするかもしれない」という感じがしましたね（笑）。

とにかく、彼には勇気がないし、ビジョンもないし、発展の思考もまったくありません。その意味では、今の首相や財務省と、ほとんど変わらないかもしれません。とにかく、「責任を取りたくない」という一点張りのようです。

ハイエクは「自由主義の経済学」、ケインズは「非常事態の経済学」

大川隆法　当会としては、どちらかというと、自由主義の経済学のほうを中心に説いていますが、今日は、ケインズを呼んでみようと思います。

私は、二年ほど前に、ハイエク、ケインズ、シュンペーターという、三人の有名な経済学者の霊を呼んで霊言を収録し、『未来創造の経済学』（幸福の科学出版刊）という本を出しましたが、そのときは、触りの部分で終わったかもしれません。

ケインズ自体は、どちらかといえば、幸福実現党が主張している政策とは違い、「大きな政府」や「計画経済」なども考えていた人です。彼の経済学は、特に戦時中や恐慌時において、かなり有効だったために、一時期はケインズ経済学全盛になりました。

一方、ハイエクなどは、非常にうらぶれていたのですが、戦後しばらくたって、だんだん見直されるようになっていきます。

例えば、イギリスのサッチャリズムの理論的支柱は、ハイエクの自由の哲学、すなわち、『自由の条件』等でした。また、アメリカのレーガン元大統領は、ハイエクの流れを引くフリードマンの『選択の自由』や『資本主義と自由』等を基礎にした経済政策をとりましたが、それは、「減税しながら、通貨の供給量をコントロールして好況をつくる」という手法でした。

このように、人類は、過去、いろいろな経済政策をとってきたわけですけれども、今は、「何を信じればよいのかが分からない」という人々に対して、新たな経済学が必要になっている時代なのかなと感じています。

ケインズは、「非常事態の経済学」を中心に考えていた人です。

戦後の日本では、ケインズも驚くほど、平常時に、「『大きな政府』で財政出動を続ける」というケインズ型の経済政策をとってきたため、一九九〇年あたり以降、本当のところ、どうすればよいかが分からなくなってきています。

ちなみに、私が東京大学で勉強していたころの経済学には、まだ、「近代経済学（近経）」と「マルクス経済学（マル経）」の両方の授業があり、選択できるようになっていて、数学が苦手な人は、「マル経」のほうを取っていました。なぜなら、「マル経」を取れば、数式を一切見ずに試験の答案を書いて卒業できたからです。当時、世界の自由主義国のなかで、マルクス経済学を教えていたのは、日本ぐらいしかなかったと思われますが、さすがに、今は、もうないのではないかと推定します。

そして、当時の「近経」は、ケインズ経済学の流れが中心だったように思います。ハイエクなどが見直されたのは、もう少しあとだったのです。

　今、この国の政府は増税をかけようとしていますが、ここで、景気の見通しも兼ねて、「どういう考えが正しいのか」を知ることは、日本の将来を考える上で非常に大事なことでしょう。経済政策で失敗すれば、また国難が来ると思います。

最強の経済学者の一人・ケインズに訊く

大川隆法　今朝のＣＮＮなどを見ていると、「金正恩氏が北朝鮮の指導者になったけれども、この人は、何をするかが分からない。行動の予測ができない人である」というように伝え、米軍や韓国軍が訓練をしている様子を映していました。「いつ戦争が始まるか分からない」ということで、地上での実戦訓練に入っているのです。日本は、まだ能天気でいますが、アメリカと韓国は、臨戦態勢になりつつあるわけです。

それから、「アメリカでは、共和党のロムニー氏などが、次期大統領選の有力候補になってきている」ということも報道していました。

世界の情勢は、刻々と変わりつつあるのです。

しかし、いまだに日本は、内政問題というか、「誰が〝お山の大将〟になるか」というようなことで汲々としています。また、増税については、「民主党が割れるか割れないか」という問題もありますが、マスコミがグルになって増税を推進している節もあり、非常に不可解です。

そういうことで、普段、私は、ケインズと少し距離を取っているのですけれども、今回は、彼の意見を聴いてみたいと思います。

現在、日本には、一千兆円になりなんとする借金があり、元利払いも約二十兆円あるわけです。こうした状況においては、はたして、「増税して、借金を減らしていくスタイルの経済」がよいのか。それとも、「もう一段、大きな規模の経済をつくり、好況をつくり出していく」のが正しいのか。これは、ある意味での文明実験でもあるため、なかなか分かりにくいものです。

ただ、ケインズは、現在、内閣や財務省の顧問をしていると思われるエコノミスト等よりも、はるかに優れた経済学者であることは間違いないでしょう。

彼の考えは、生前と現在とでは、少し変わっているところもあると思いますが、ある意味で最強の経済学者の一人であるケインズから、「今の日本経済の舵取りを任されたら、どうするか」ということを聴くことができれば、政権担当者にとっても「福音」になるかもしれません。

一方、幸福実現党にとっては、「政策の一貫性を維持できるのか。何らかの微調整が必要なのか。別の角度からの考慮が必要なのか」、あるいは、「東日本大震災という要因が加わったので、何か変数を出すべきか」というところが、現時点での訊きどころではないかと思います。

いずれにせよ、彼は、経済学の大先生なので、われわれとは違う、何らかの見識を持っているのではないかと思います。

「国民が不幸にならない選択(せんたく)」を提示するのが私たちの義務

大川隆法　宗教が政治や経済について説くのは、非常に変わったことです。また、日本には、「宗教と政治は分離すべきだ」という〝政教分離〟の考えが強くあります。

しかし、私は、「当会の教えの基本は、愛と悟(さと)りとユートピア建設である」と説いていますし、ユートピア建設を実際に推(お)し進める実行部隊の一つは、やはり、政党であると考えているのです。幸福実現党が実際に始動しなければ、ユートピア建設はできません。ユートピア建設といっても、理念を示すだけでは無理なのです。

しかも、政府が悪い政治を行ったならば、宗教が人々を救おうとしても、救えないことが数多く出てきます。

例えば、当会では、「自殺を減らそうキャンペーン」を行っていますが、「政府の失策によって不況をつくられ、工場や会社をたくさん潰されたら、自殺を防止したくても防止のしようがない」というのが、実際のところです。

また、経済政策で失敗すれば、失業者の山になり、食べていけない人が大量に出てくるかもしれません。

その意味で、今の時代においては、政治や経済を、宗教と完全に切り離すことはできないと考えています。「人類を幸福にする」という意味では、宗教の使命のなかに、物心両面の要素があってよいのではないでしょうか。

世間は、まだ、宗教の仕事を、心のケアだけに限定する方向で見ているかもしれません。

例えば、東日本大震災後、お坊さんたちが、被災地でコーヒーやお茶などを提供しながら、被災者の相談に乗っていましたが、マスコミには、そういうことを、やたらと取り上げる傾向があります。しかし、宗教の活動は、そうしたものに限定されるわけではないのです。

むしろ、宗教は、もっと大胆に提言し、行動すべきではないかと思います。

とにかく、「現実に、不幸をつくり出されたあと、宗教として救済活動をする」というのでは遅いので、やはり、「予防政治学」「予防経済学」のようなものをつくらなければいけないでしょう。

約三年前、当会が政治に進出したとき、私たちは、いろいろな政策を主張しましたが、それらは、当時の民主党が公約していたことと正反対のものばかりでした。今となってみれば、民主党の公約は、ほとんど嘘だったということが、明らかになってきています。

すなわち、それは、「民主党を批判し、それと反対の内容を主張していた幸福実現党のほうが正しかった」ということなのですが、そのような歴史的検証は、まだ、なされていません。

マスコミには民主党を応援した責任があるため、私たちが民主党の政策を見て、「これは無理だ。間違っている」と言っていた事実を、どうにかしてごまかそうとしているのでしょう。

いずれ、正しいものは隠せなくなってくるとは思いますが、私としては、やはり信念を持って、「何が正しいか」を言い続けねばならないと思います。

政治家やマスコミは、当初、私たちのことを小ばかにして、「宗教ごときが、政治や経済へ意見を言ってくるとは、けしからん。われわれのほうが専門家だ」と思っていたでしょうが、しだいに、幸福実現党の主張が、いぶし銀のように、キラキラと光って見えてきたのではないかと考えています。

「総理や内閣、あるいは、財務省や日銀総裁のようなプロフェッショナルの経済政策に対して、宗教が切り込んでいく」というのは、大胆不敵にもほどがあると思いますし、この世的に見て、不遜であることも十分に承知はしています。

しかし、そんなことは、どうでもよいことであって、「私たちには、国民が将来的に不幸にならないような選択を提示する義務がある」と考えているのです。

「不遜である」という批判は甘受するつもりです。

以上を前置きとします。

それでは、二度目になりますが、ケインズを招霊し、今、日本が直面している問題や、二年前とは事情が変わった点について訊いてみたいと思います。

Chapter1

震災（しんさい）復興のための経済政策

1　三・一一以降をジャーナリスティックに分析する

ケインズ博士を招霊する

大川隆法　（二回、深呼吸をする）

世界的経済学者、ジョン・メイナード・ケインズ博士。

どうか、幸福の科学総合本部に降りたまいて、「この国の財政・経済政策のあり方」「この国の未来」「世界経済の行方」について、われわれ地上に生きる者には見えていないものが、もし見えておられましたら、何らかのご示唆を頂きたいと思います。この国の方針について、この国の識者にも理解できる言葉でもって、新年より、導きの言葉を頂ければ幸いです。

ケインズの光、流れ入る。ケインズの光、流れ入る。ケインズの光、流れ入る。

ケインズの光、流れ入る。

（約十五秒間の沈黙）

ケインズ　うーん……。ケインズですが。

黒川　ケインズ先生、本日は幸福の科学総合本部にお越しいただき、再びご指導を賜れますことを、心より感謝申し上げます。

約二年前も、ご指導を頂きまして……。

ケインズ　あ、君、前回もいたかな？

黒川　はい。そのときも、私（わたくし）は対話者として、ご指導を頂きました。

ケインズ　その声には聞き覚えがある。

黒川　覚えていただいておりましたか。光栄でございます。

野田（のだ）首相の終わりは近い

黒川　そのときは、ケインズ先生から、「公共投資のあるべき姿」を教えていただきました。

すなわち、「公共投資には、長期的視点や経営者としての視点が必要であり、『公共投資によって、国が富み、税収が増えていく』というのが、本来のケインズ経済学である。公共投資は、ばらまきや人気取りの政策ではない」ということを学ばせていただきました。また、「『ケインズ経済学が財政赤字をつくった』と言われるのは不本意である」ともおっしゃっていたと思います。

ケインズ　うーん。

黒川　しかし、その後、誕生した民主党政権は、公共投資を削減(さくげん)するなど、間違(まちが)った経済政策を続けています。さらに、昨年三月十一日には、東日本大震災(だいしんさい)が起こりました。

ケインズ　うんうん。

黒川　その結果、日本には、長引くデフレに加え、今回の大震災に伴う被害や電力危機、さらには超円高など、非常に危機的な状況が起きており、今、世間では、「第二の戦後」ということも言われています。

先ほど、大川総裁から、「戦時経済や恐慌時の経済には、ケインズ政策が有効である」という話もございましたが、今、日本が直面している問題についてご指導いただければと思います。

ケインズ　そうだね。前回とは、状況が少し変わったからね。

民主党政権が成立して、公約していた政策をいろいろとやった結果、それがあまりうまくいっていないし、さらに追い打ちをかけるように災難がやって来た。

そして、三人目の首相が、もうすぐ終わろうとしている。

いや、こう言ってはいけないのかな?

黒川　（笑）（会場笑）

ケインズ　（野田首相は）まだ頑張っているのかい？

黒川　早く終わらせる予定です。

ケインズ　はっきり言えば、終わりが近い。北朝鮮だけでなく、「終わりの始まり」は、こちらも一緒のように感じる。

まあ、政権のたらい回しは、自民党と一緒だよね。まったく同じことが起きておりますがね。

東京電力はよく頑張ったが、正当に評価されていない

ケインズ　この本（『未来創造の経済学』）のなかで、誰かが、「ケインズはジャーナリストである」と言っていたような気がするが、もし、ジャーナリスティックに日本を見るとすればね、今の日本人には、いろいろなものに対する偏見が、かなりあるよ。そう思うなあ。

少なくとも、去年の景気後退や日本の〝人工国難〟をつくった原因の一つとして、三・一一以降の対応の問題があると思う。

東京電力か？　東電バッシングがすごくて、「国有化するしかない」と言っているし、昔からある原発反対運動が再燃して、放射線への恐怖や、原子力兵器への嫌悪感と一緒になって出てきているけどね。

ただ、私がジャーナリスティックに見るかぎり、やはり間違っていると思う。

東京電力はよくやったよ。頑張ったよ。あれだけの災難のなかでね。六百年に一回とか千年に一回とかいうような大災害、誰も予想していなかったような大災害のなかでね。

もちろん、対策に当たって亡くなった方もいらっしゃるとは思うけれども、いわゆる被害として、「一般国民が大量に死んだ」という事実はないんだろう？

だから、非常に頑張ったと思うよ。それが正当に評価されていないと思う。

まあ、自衛隊だって頑張ったと思うし、アメリカ軍もトモダチ作戦で頑張ったとは思うけどね。

そういう頑張ったところについて正当な評価があまりなく、悪い噂のほうだけは、やたらと、たくさん出ている。

東京では、原発事故と関係のない単なる誤解まで出てきていただろう？「〇〇マイクロシーベルトの放射性物質が発見された」などと言って、何か昔のものが出てきたけど、そのように、全然関係のない風評をつくり出しているのは、自分たちであるわけだ。

だから、国民を恐怖に陥れたマスコミ・ジャーナリズムの問題はあったと思う。

一方、東京電力は非常に優秀だったと思う。

「ああいう事故が起きても、外国から、日本製の原発の注文がまだ来る」というのは、客観的に見れば、そのとおりだと思うよ。

当初は、それこそ、「大勢の人が被曝して、何百万人、何千万人もの人が死ぬかもしれない」というような恐怖があり、菅首相（当時）も、東京の人を、みな、避難させたくなっていたようだけど、そういうことは、まったく起きなかった。

しかも、菅さんが視察にさえ行かなければ、水素爆発も起きなかったんだろう？　彼が来たために起きてしまった。つまり、作業を中断しなければいけなくなったために、水素爆発が起きてしまったわけだ。それで、彼はヘリコプターで帰っていったんだろう?

ジャーナリスティックに見ればね、日本人の見方は、まあ（苦笑）、本当に正反対だったように思うよ。

いやあ、東京電力をほめてやらなければいけない。よく頑張ったと思う。あれは、必ずしも、自分たちの不手際によって起きたことではなかったし、あれだけの大震災のなかを命懸けで戦った人たちは、「九・一一」のときにワールドトレードセンタービルに突入していった消防隊員並みの英雄として扱われて当然だと思うよ。まあ、「福島県が被害を受けた」と言ったって、県民全員が死んだわけでもないしね。その意味では、ヒロイズム（英雄的行為）があったと思うけど、正当に評価されていない。

そして、悪い面だけがいろいろと言われている。まあ、気の毒な面があるし、政治の不作為を、東京電力のほうに、全部、転嫁されたところがあるような気がするな。そういう、ずるさがある。
最初に、それを言っておきたい。
要するに、「ジャーナリズム的に見ると、少し問題があった」ということだね。

震災を利用して増税にもっていくのは卑怯だ

ケインズ　第二の問題点は、マグニチュード9・0という巨大な地震と津波が起き、それから、原発の事故などが起きて、三月から日本中で節電をやり、「花火の打ち上げもやめる」とか、そういうことをやって、戦時中のような統制下に置き、国民を恐怖心に沈めておいて、その上で、「こういう非常事態だから、増税やむなし」ともってきた。こういうストーリーを考えた人たちは、ジャーナリスティックに見て、やはり許せない。卑怯だ。
人が弱っているときに、それに付け込もうとする、その心のなかには、悪魔的なものがあると私は思うよ。「震災を利用して増税にもってきた」というのは、やはり許せない感じがするね。

こういうときは、まず政府のほうが率先して、民の苦しみを受け止めなければいけないと思うけれども、今の政府は、すぐ、ほかのものに責任を振っていくだろう？

原発事故の責任を東電に振ったように、今度は、国民のほうに、税金負担というかたちで、責任を振ろうとしている。つまり、「増税する」というのは、「天変地異が起きたのは国民の責任だから、国民が負担せよ」と言っているようなものだろう？　これは、「凶作になったのは農民の責任だから、農民が負担しろ」と言っているのと同じだよ。

こういう、責任を外に投げるタイプの政権というのは、私は、基本的にあまり好きではないね。

それから、外交危機が起きたときにも、そうだったと思う。すぐ、人のせいにしたり、ほかのところに投げたりするだろう?

例えば、沖縄(おきなわ)の米軍基地の問題を、沖縄の民意の問題にしてしまい、国としての自主的な防衛の問題については、まったく知らん顔をしている。本当は自分たちが責任者であるにもかかわらず、関係がないかのように言って沖縄を踊(おど)らせている。地方分権もいいけどね。

このように、ジャーナリスティックに見ると、日本には問題が多すぎる。

もし本気で、それを報道しているのであれば、日本のテレビや新聞、週刊誌等のジャーナリズムは、本当に二流、三流だ。見識がない。彼らは枝葉末節(しようまっせつ)ばかり見て、物事の筋道が見えていないと思う。

この程度の見識に基づいて政策立案なんかしたら、大変なことになるよ。さらに、マスコミの能力がそれほど低いにもかかわらず、税金に関しては、今、マスコミのほうが政策立案というか、増税立案をしているような状況に近いのではないかな。

だから、マスコミに対しては、「責任を取れるのか」と言いたいよ。「君のところの主張に乗って駄目だったら、廃刊するのかい？　テレビの放送をやめるのかい？」とね。

しかし、責任を取る気は全然ないんだろう？　外れようが当たろうが、どちらでもいいんだろう？　どうせ、外れたときには、いろいろな情報を流して攪乱し、分からなくするんだろうからね。

このへんは、まあ、政府の無能をいいことに、のさばっているわな。

確かに、政治家のレベルが低ければ低いほど、官僚は、力を持って、自分たちの好きなようにやれるし、マスコミも、自分たちのほうの力が上になってくるんだよな。やはり、これがいけないと思う。

それに対して、あなたがたは、非常に冷めた目で見ていると思うよ。それは、いいことだな。

まあ、私らしくないかもしれないけれども、日本のマスコミとは逆のことを、まず言っておきたい。

原発廃止ではなく、もう一段の発展を

ケインズ　それと、「価値判断や情勢分析に問題があった」と言うべきだね。今の情勢からいったら、原発をやめる必要など、まったくない。

むしろ、今回の教訓を生かし、もう一段、安全性の高い原発をつくって、エネルギーの確保をしたほうがいいし、おそらく防衛的に見ても、そのほうが有利であることは分かっているのでね。

核保有国に囲まれておりながら、原発廃止を言っている人たちは、〝縛り首〟

にしなければいけないぐらい、怖い人たちだよ。原発廃止は、日本の占領を誘導しているようなものなのでね。

北朝鮮は、現に核兵器をつくっているけれども、これから本当に脅してくるよ。あの青年（金正恩）が「撃ち込むぞ！」と言って脅してきたら、どうする？　どうするんだい？

発射されたら、すぐ着くよ。閣議をしている間に着弾する。いや、閣議をする前だな。呼ばれて起きて、車が来るのを待っているうちに、着弾するだろうね。「迎えの車を大臣の家に送ります」と言って、迎えに行っている間に、着弾するよ。

昼間に撃つわけがないからね。そんなもの、寝ている間に撃つに決まっているよ。あの若者は、脅すのが好きだと思うよ。だから、撃つかもしれない。そうなったら、どうするんだい？　（昨年十二月に続き、一月十一日にも三発の短距離

ミサイルの発射が確認された。――一月十三日「産経新聞」朝刊）

「原子力はいけない」と言うならば、向こうにも言わなければいけない。国内だけで言うのは、いけないよな。

だから、もう一段、対策を練らなければいけないと思うね。

要するに、原子力政策について、私が最初に言っておきたいのは、「撤退ではなく、もう一段の増進、発展を考えるべきだ」ということだ。これをやらなければ、アジアの安定における「日本の役割」は、おそらく、なくなる可能性が高いと思う。

今、アメリカは、軍事予算的にも衰退しようとしているし、中国は、彼らの統計が合っていればの話だけれども、「二〇一五年か二〇一六年には、GDPがアメリカに追いつくかもしれない」などと言っているようだから、この十年以内に、「米中の危機」が来るのは明らかだね。

これについて警告をしたのは、あなたがただったな。

当初、民主党政権は中国詣(もう)でをしていたけれども、今、やっと、アメリカのほうに寄って、中国包囲網(もう)へと移動しようとしているんだろう？　これは、あなたがたが最初から言っていたことだから、民主党の人たちは、外交が分からない人たちなんだろうね。

ただ、次は、もう自分たちで守らなければいけないと思うよ。

まあ、当たり前に考えたらいいよ。「ここは日本だ」と思わず、「ほかの国だ」と思って、考えたほうがいいかもしれないね。

少なくとも、北朝鮮は、金正日(キムジョンイル)が亡くなったあとも、ミサイルを発射しているし、イランという国でも、ミサイルの発射実験をやり始めている。これは、けっこうコラボレーション（共同）しているからね。彼らは、「同時にやれば、アメリカは対応できない」と考えているのだろうし、水面下でつながっていると見て、ほぼ間違いないだろう。

だから、日本も、これに対して、積極的に、何らかの対応をしなければいけない。アメリカ任せだけでは、きっと無理があると思うし、今は、日本が言い出してくるのを待っている状態かと思うね。

後ろ向きのことばかりやらないで、もう少し、未来対策をしたほうがよいと私は思うよ。ほかにも、することは、たくさんあるけどね。

まあ、個別に質問があれば、答えていくよ。

2 〝水攻め〟の次は〝火攻め〟に備えよ

黒川　後ろ向きでなく、前向きの未来対策ということで、まず、今後の復興政策について、お訊きしたいと思います。

幸福実現党では、「今回の大震災を教訓として、千年に一度の大災害にも耐えられるような『防災大国』を築くべきだし、また、復興を梃子に日本再建を図るべきである」ということを提言していますが、ケインズ先生より、「緊急避難の経済学」「復興の経済学」として、震災復興への道について、ご指導いただければ幸いです。

自然災害対策よりも、むしろ「避難体制のスピーディー化」を

ケインズ　うーん。まあ、「今から、日本列島の周りに〝万里の長城〟を築け」と言う気はないので（会場笑）。（注。ケインズの過去世は「秦の始皇帝」である。『未来創造の経済学』第1章「ハイエクの霊言」参照。）

さすがに、それはね。まあ、周りを囲めば、津波は来なくなるかもしれないけれども、それだと〝鎖国体制〟が完璧に完成するだろうから、さすがに少し言いにくいところはあるね。

ただ、千年に一回の震災ということであれば、どうだろうかねえ。毎年、起きるようなものについて、恒常的な対策を立てるのは大事なことだが……。千年に一回というか、何百年に一回かもしれないけれども、日本では、過去にも大きな震災は起きているよね。

例えば、宗教の予言者のような人が、関東大震災が起きるのを事前に分かっていたとして、「それを止められたか」と言えば、やはり無理だろう。

江戸（えど）時代の末期に、宗教の予言者が出てきて、「大正という時代に、関東大震災という大きな地震が起きて、十万もの人が死ぬかもしれない。だから、木造の家は建ててはいけない。西洋のような石造りの家をつくれ。レンガや石で家をつくれ」と言ったとしても、人々は、おそらく、言うことをきかないだろう。それに、それだけのものをつくる力もなかったとは思う。

要するに、「そういう大きな自然災害のための対策は、なかなか立つものではない」ということだ。それは事実だな。

「毎年起きるようなもの、あるいは、ごく数年とか、五年、十年とかで起きるようなものに対して、確実に対応していく」というのは、当然の仕事ではあるけれども、何百年に一回のもの、例えば、「浅間山（あさまやま）が噴火（ふんか）したらどうするか」「富士山が噴火したらどうするか」というようなことに対して、全部、対策を立てるのは、実際上、無理なところがあると私は思う。それは、今言ったように、江戸時代に関東大震災のための対策を立てるようなものだからね。

そんなことをするぐらいでしたら、そうだねえ……。

結局、そういうことにお金を使うよりは、いざというときに避難できるよう、「避難体制のスピーディー化」を構築しておくほうが早かろうと思うよ。どちらかと言えばね。

つまり、地震が起きてから津波が来るまでの時間を予測して、「その間に、どのようにして逃れるか」ということだね。そのへんの対策というか、訓練というか、スケジューリングをしっかりつくっておいたほうがよい。

確かに、日本列島全部を、万里の長城風の、頑丈で幅の広い堤防で囲めば、津波は防げると思うよ。あれだけの幅と厚みがあって、高さを三十メートルぐらいにすれば、ほとんどの津波は防げると思うが、「津波だけが来る」と思っているなら、甘い。津波ではないものが来たときには、逆に逃げ出せなくて、今度は困るかもしれないよ。

もし、「火山が噴火し、火山弾がバンバン降ってきて、海に逃げたい」という状況になったときに逃げられなかったら、君ぃ、もう丸焼けだよ。今度は〝火攻め〟だよ。〝火攻めの刑〟だ。

「海に逃げたいのに、防波堤を築かれたために出られない」とか、「船が着いても、港に入れない」とか、そういうことが起きてはいけないからさ。「電動式の堤防をつくったが、電気が止まってしまったために開かず、逃げられなくて焼け死にました」などということだって、ないわけではないのでね。

僕は、むしろ、「〝水攻め〟の次は〝火攻め〟ではないかな」という予感がする。まあ、私は宗教家ではないから、天上界にいる者としての、単なる予感だけどね。

次は〝火攻め〟だと思うなあ。だから、海ばかり警戒しては駄目だよ。津波を警戒していても、次は違うよ。

大量の人を避難させられる輸送手段の開発が急務

ケインズ　次は〝火攻め〟だ。火山弾が降ってくるかもしれない。そうすると、今後は逆に、できるだけ船に乗って遠くへ逃げられる体制を組まなければいけない。「みなさん！　早く船に乗って外洋に出てください！」と言わないと避難できないよ。堅固な家を建てて、そこにずっと住んでいたら、火山灰に埋まってしまって、終わりになるかもしれないよ。下手をするとね。

君、そんなことは考えていないだろう？

もし、溶岩がガンガンと流れ、火山弾が降り、その次に火山灰が降ったとしたらどうする？　君、関東ローム層は、結局、富士山の噴火によって、できたものなんだろう？

　今の日本には、低い建物が多いので、ものの十メートルも火山灰が積もったら、ほとんど死に絶えるんじゃないか。生き残るのは、少しだろう。「降り積もった火山灰の上に、高層ビルだけがニョキニョキと所々に出ている」というのは、君、あれだよ、「氷河期が来て、都市が雪のなかに埋もれ、高層ビルの頭が少しだけ出ている」というようなものだな。交通手段もほとんどなく、すごい状態になるよ。

　だから、僕は、「今度は逆に、〝火攻め〟かな」と思っているので、すでに起きたことへの対策ばかりを一方的に考えているというのは、甘いのではないかな。次は、「〝火攻め〟から脱出（だっしゅつ）するにはどうするか」ということを考えなければいけない。

　例えば、大量の人が船に乗って外へ逃げられるか。あるいは、ヘリコプターなどで輸送できる人数は、いったい何人いるか。そういうことを考えると、今の状態では、全員を救うのは、ほとんど不可能に近いのではないかな。

富士山だって、浅間山だって、分からないよ。ほかにも火山はたくさんあるし、今、実際に、噴火の傾向が出ている山は、幾つかあるのでね。ああいう地震が起きると、地下がそうとう揺さぶられるので、次は、どこかの山が噴火してくる可能性があると思うよ。

そのときに、君たちは、どうやって救う？　堤防なんかつくっていては、まったくの的外れになってしまうから、反対のことも考えておいたほうがいいよ。

とにかく、日本は、軍隊のほうの思想が弱いので、緊急時に大勢の人を輸送したり避難させたりするのは、弱いよねえ。

アメリカであれば、空母のようなものを使って万の単位の人を移動させられるけれども、日本には、そうした移動手段がない。

特に、日本は〝空〟が弱いからね。空港まで行かなければ飛行機に乗れないので、やはり、もう少し、いろいろな所から人々を救出できるように、ヘリポートなりミニ空港なりをつくったほうがよいだろう。現実に、短い滑走路でも飛べる飛行機や、垂直離着陸機の技術もあるので、こういうものを、もう一段、開発する努力をしなければいけない。

実際、垂直に上昇して、そこから発進できる戦闘機などもすでに開発されている。一機の値段がものすごく高いので、まだ量産できない状況にあるようだけれども、これこそ、ハイテクの日本が本当はやるべきことなんだよね。

戦闘機としては、それほど大きなものは必要ないだろうが、ある程度の大きさの輸送機があるとよいだろうね。短い滑走路、ないしは、滑走路がほとんどない状態でも、例えば、学校の校庭のような所からでも、人を乗せて飛び立てるものを開発しておいたら、災害対策としては非常に有効だね。

つまり、学校の校庭のような所に降りられて、上がっていけるようなものだ。今あるヘリコプターでは小さいんだよ。あれでは、人の大量輸送ができない。例えば、学校には、何百人もの生徒がいる。だから、「一回に五人ずつ運びます」とか、「十人ずつ運びます」とかいうのでは、間に合わないよね。とにかく、トランスポーテーション（輸送）について、もう一段の研究が必要だ。いろいろなかたちのものがね。

「防衛」を兼ねた災害対策を考えよ

里村　ケインズ先生は、二年前、奇しくも、関東大震災の復興の例を引き合いに出して、交通インフラの整備についておっしゃっていました。

ケインズ　ああ、そうだね。道路だね。

里村　はい。私も、今回、震災後に東北各地へ行ってみたのですが、「交通インフラが非常に脆弱（ぜいじゃく）だな」と感じました。それで、この際、インフラ整備にも大きく力を入れるべきではないかと思ったのですが、いかがでしょうか。

ケインズ　だからねえ、民主党さんが言っているのは、「ダムの中止」から始まって、「防衛予算の削減（さくげん）」、さらには「空港建設もどんどんやめる」という感じだけれども、将来的には、防衛の問題もあるからね。

この「災害対策」と「防衛」は似ているから、その意味では、災害対策という名目で、防衛も兼（か）ねて、今言ったようなトランスポーテーションをしっかり考えないといけないと思う。

例えば、特定の地域が、外国からの攻撃（こうげき）にさらされたときには、やはり住民を避難させなければいけないよな。だから、同じなんだよ。それは、火山弾が降ってくるのと、大して変わらないのでね。

だから、「住民を避難させるために、どういうシステムを組むか」ということを徹底的に考えなければいけない。いちばん速いのは〝空〟だし、大量輸送という意味では、リニアや、その他の陸上輸送も当然あるだろう。もちろん、道路もある。

東北に関して言えば、今回、被害に遭ったのは、ほとんど漁港や漁村だから、「あれを、全部、防壁で囲えるか」というと、少し問題があるし、住民たちも生活不能になってしまうだろう。そうであれば、道路等を広くして、みんなが車で逃げても混雑しないようにする方法もあるかもしれない。

あるいは、人工高台をつくることも可能だと思う。「それ以上の高さの津波は来ないだろう」という人工高台を一定の範囲内でつくっておけばよいし、場合によっては、その人工高台から空輸できるようにしておくことも大事だろうね。

その意味では、人の足で行けるぐらいの範囲内に、何かつくっておいたほうがよいだろう。今、羽田とか成田とかに、パーキングの大きな建物が建っていると思うが、あのように、車に乗りながら何階にも上がっていけて、さらに、空からもヘリコプターなどが降りてこられるような、何かそういうものを、一定の数、つくっておいたほうがよいかもしれないね。

ただ、「同じようなものが二回来る」とは思わないほうがいいよ。今度は違うかたちで来ると思ったほうがいい。

黒川　はい。ありがとうございます。

復興景気を「増税の言い訳」にしてはならない

里村　私は、今回、被災地に入り、ケインズ政策の、ある意味での〝すごさ〟を実感しました。

ケインズ　ありがたいことを言うねえ。

里村　例えば、仮設住宅などの建設に予算がちょっと付いただけで、今、被災地の宮城や岩手では、現地の方が「ミニバブル」とまでおっしゃるような状況になっています。

それは、茨城でも同じです。東北に比べると、あまり大きな損害があったわけではないのですが、現地で建築関係の仕事をしている方に話を聞きますと、工事の予約が三年先まで埋まっているそうです。また、ある方は、空き巣に入られて現金一千万円を盗まれたらしいのですが、それを笑い話にされていました。

もちろん、その空き巣という行為を認めてよいわけではありませんが、このように、「必要なところに投資をすると、乗数効果で非常に大きな成果が出てくる」ということを実地に学ばせていただきました。

仙台の繁華街も、夜はすごく賑わっているそうです。あ、これは、聞いた話でございますけれども（会場笑）。

ケインズ　まあ、そうらしいね。「仙台などが復興景気に湧いている」という話は私も知っているよ。

ただ、一方では、それを増税の言い訳に使ってくる可能性もないわけではないのでね。もしかしたら、「景気が回復しているから増税をする」というような言い方をしてくる可能性も少しあるので、いちおう、それは用心しなければいけないと思う。

昨日、来ていた日銀総裁の守護霊は、「日銀はインフレファイターであり、とにかくインフレを止めるのが大事だ」などと言っていたけれども（『日銀総裁とのスピリチュアル対話』参照）、人類の歴史は、マクロで見れば、ずっと「インフレ」だからね。長い目で見れば、いったい、何百倍、何千倍のインフレが起きているか、分からないぐらいだよ。

結局、貨幣経済というのは、インフレ経済なんだよ。実際には値打ちのないものを「値打ちのあるもの」として見立て、そういう仮定に基づいて、経済を大きくしているわけだし、特に今は、いわゆる金、銀、ダイヤモンド等の実体のあるものに基づく経済ではなく、紙幣や小切手、電子マネー等を使っての、「信用に基づく経済」だからね。

つまり、信用の膨張(ぼうちょう)によって、経済は大きくなっているわけだから、「どのように信用を構築するか」ということが大事であり、「現状維持即(いじそく)信用ではない」と私は思うんだよ。

だから、それは勘違(かんちが)いだ。「現状維持さえできれば信用がある」というのは、間違いだ。そうではなく、一定の発展に対して信用があれば、それに基づく経済をつくり出せるわけだよ。

Chapter2

社会保障制度のあるべき姿

1　年金制度のあり方について

吉井　今、日本では、特に、福祉（ふくし）の発想が強くなっております。例えば、先般（せんぱん）も、法人税や所得税等が増税されることになってしまいましたし、さらに、消費税を上げる名目として、社会保障のなかの年金制度がポイントになっています。

つまり、今のお話にもありましたとおり、まさに現状維持（いじ）の方向で、年金制度を何とかもたせようとして、消費税を増税しようとしているわけです。

日本の年金制度は、「高齢者世帯（こうれいしゃせたい）を現役（げんえき）世代が支える」という賦課（ふか）方式になっておりますが、こうしたあり方を、もっと抜本的（ばっぽんてき）に改革すべきだと思うのです。

そこで、この年金制度の今後のあり方につきまして、お考えをお示しいただければと思います。

国民を騙したのならば謝罪せよ

ケインズ　まあ、基本的には、ある意味でマルクス主義の〝半分〟だと思うんだよ。働かなくても食べていける世界ができてくるわけだからね。

要するに、「『必要な者に必要なものが与えられる世界』が晩年には来る」というのが福祉の思想だよな。

だけど、人口構成からいくと無理が出てくることになる。だから、それは、ある意味での「ユートピア」（どこにもない場所）なのであって、その先がない世界でもあるわけなんだよな。

この年金問題については、実態がよく分からないので、まだいろいろ隠しているものがあるのだろうとは思う。おそらく、本当は、何百兆円分もの〝吸い込み〟が隠れているから、増税を急いでいる可能性もあるんだけれどもね。ただ、国民を騙したら騙したで、もうあっさりと白状して、謝罪なされたらいいのではないかと思うんだよ。もともと、そんなものは、なくてもいいものだったんだからね。なくてもいいものをつくったために、余剰資金を使って、いろいろな悪さをし始めたわけだ。

「年金制度」と「少子高齢化対策」には論理矛盾がある

ケインズ　もともとは、親子であれば、「親が子を養い、子が親を養う」というかたちで昔からずっと来ているわけだから、年金など実際は要らないものなんだよ。

そういう年金制度で、「全国民が、死ぬまで完璧に面倒を見てもらえるようにする」ということは、「実際に家庭生活を営まなかった者を、全員、お救い申し上げる」ということだろう?

でも、「それが、本当に、少子高齢化対策になっているのかどうか」を考えると、実際は論理矛盾があるんだよ。

むしろ、老後の生活が不安になれば、結婚し、出産する数が増えてくる。しかし、「いや、何も対策をしなくとも、ゆりかごから墓場まで、完璧に面倒を見ます」となったら、そらあ、みな、好きなことをするようになるさ。

だから、そこには、非常に難しい兼ね合いがある。

最後は、仕事をしたい女性の場合、「結婚しなくても、子供だけはつくっておく」とか、まあ、そういうことは流行ってくるかもしれないね。

最終的には、親子やきょうだい、もしくは親戚等で面倒を見る社会がずっと続いているわけだから、「福祉によって面倒を全部見よう」というのは、ある意味で、マルクス主義の変形ではあるんだよ。

つまり、「子供が生まれても、その子供を公共のものにし、工場のような所に預かって育て、それで、男女ともに働きに出ればいい」というような思想が、マルクス主義のなかには入っているからね。そこには、ある意味で、「人間性の原理に反しているものがある」とは思うんだよ。

だから、年金制度というのは、本当は、別になくても構わないし、必ず、それなりの対策は立つ。子供がいなくても、必要であれば、養子をもらえばいいわけだからさ。アメリカの富豪とか歌手とか、そういう人たちは養子をいっぱいもらっているだろう?

国内が嫌なら、海外でもいいわけだよ。海外だと貧しくて親のいない子供たちがたくさんいるわけだから、その子たちを養子にして、育ててやればいい。自分が稼いでいる間にね。そうすれば、老後の世話ぐらい、してくれるさ。そういう手は、まだ、いくらでもある。人口増にもなるしね。

だから、私はそれほど悲観的ではないよ。

むしろ、年金について、嘘（うそ）をついているところがあるのなら、それをはっきりさせて謝罪し、「老後について保障ができないため、各自、努力されよ」と言ったほうが、やはりよろしいのではないだろうか。

そうしたら、急速に人口が回復してくるような気がするがねえ。

2　ケインズ政策は福祉に適用できるのか

里村　今の日本は、ケインズ先生の今のお言葉とまったく逆のほうに行っております。

例えば、民主党政権は、「震災があったので、年金も含めた社会保障や福祉を厚くしていかなければいけない。そのための財源は「増税」で賄うけれども、年金が保障されれば、将来は安心なので、人々がお金を使うようになって、景気がよくなる。つまり、福祉を厚くすれば、増税をしても経済成長でき、国が繁栄するのだ」というような考え方を、今、まことしやかに言っているわけです。

これについて、私は、「今の民主党政権は卑怯だ」と感じているのですが、ケインズ先生は、どのようにお考えでしょうか。

高税率の福祉国家は、国力が衰退していく

ケインズ　それは、いちおう、北欧がモデルなんだろう？　昔のイギリスでも、「ゆりかごから墓場まで」と言っていた。それは、一見、理想的に見えるけれども、現実には、イギリスの国力は衰退していったよね。

　この、「生まれたときから墓場に入るまで、全部お世話します」というような考えには、やはり、やり過ぎのところがある。

　基本的に、自助努力の部分が抜けているし、北欧も、要するに、「全部合わせると、実際の税率は平均七十パーセントだ」と言われているからね。

　あなただって、「生涯で稼いだお金を七十パーセント取られる」というのは、やはりこたえるだろう。

里村　はい。

ケインズ　まあ、日本でも近年まで、高額納税者は、その程度の負担をしていたし、九十パーセントという時代もあったからね。

イギリスなどでは、九十八パーセントぐらいまで税金を取られたことがあったと思うよ。

里村　そうです。

ケインズ　人類史のなかで、やはり、「収入の九十八パーセントもの税金を取る」ということほど残虐(ざんぎゃく)な行為(こうい)はないだろうし、これほど悪徳の領主もいないだろう。

農民で言えば、「稲を千本刈り入れたら、そのうちの九百八十本はお上が取る。おまえたちの取り分は二十本だ」という意味だろう？　これで農業をする人は、基本的にいないよ。北欧型は、それが七割ぐらいになるわけだから、「稲の穂を千本つくれば、七百本はお上が頂きます。その代わり、基本的に、全部、面倒を見ますよ」ということだろう。

本当のことを言うとね、これは、ある人たちが犠牲になっているんだよ。自分で自分の面倒を見ることができない人はいらっしゃると思うけれども、本当は、そういうことをしていただかなくても構わない人たちが犠牲になっているわけなんだ。

つまり、病気にならない人が、ほかの人の医療保険を一生懸命、払っているのと同じように、「助け合い」という名目の下に、無理をしている面はある。

やはり、ある程度は、個人としての自己防衛の余地を残しておかないと、生物体として死に絶えてしまう可能性はあるね。
全部お任せで生きていけるのであれば、動物だって、みな駄目(だめ)になっていくよ。例えば、ペットたちを野原に放したら、みな、死んでしまうだろう？　それと同じような状態だな。要するに、「人類のペット化」が完全に進んでいるわけだよ。今、日本でもそうだろうけど、ペットがもう洋服を着て散歩しているし……。

里村　（笑）

ケインズ　ねえ？　人間並みに、病院へ行って、いろいろな治療を受けたり、薬をもらったり、レントゲンを撮(と)ったりしているんだろう？　まあ、それは、経済の繁栄にはつながっているとは思うけれども、人間に対しても、今そのようなことをやろうとしているわけだ。全体的にね。

私の考え方は、「大きな政府」と言われてはいるが、やはり景気には、大きな波の変動から、中程度、小程度の波の変動まであって、これは止められない。なかなか一定には行かないので、「景気変動の波が底をつきそうなときには、公共投資を中心とした財政出動等によって、それを防げる。要するに、景気を底まで落とさずに、持ち上げることができる」というようなことを言ったわけだ。

だから、「全部、何もかも面倒を見てくれる」ということは、波の上のところばかりのような状態でないと、現実にはできないよね。それはもう、ドバイのように石油が出て、税金を払わなくてもいい所なら、福祉も全部やってくれるだろうが、現実は、そのようにはいかないだろうね。

もちろん、福祉の対象となる層が、一定の部分、あっていいと思うけれども、この層が、半分を超えて蔓延したときには、国としては確実に衰退する。

その意味で、私の考えは、ハイエクなどとそんなに変わらない。基本的には同じだ。私もそう思っているよ。

里村　はい。

福祉にお金をかけても経済成長は望めない

黒川　今、民主党は、福祉国家に向けて、ケインズ先生の政策を取り入れようとしています。例えば、「福祉を厚くすれば、増税しても経済成長はできる」というようなことを掲げ、巧妙に国家社会主義の方向に向かっていこうとしているわけですが……。

ケインズ　私は、「ピラミッド」や「万里の長城」系だからさ、そういう、「右から左に流れていくもの」にお金をかけても、経済成長がそんなにあるとは、基本的に思っていない者なのでね。私はねえ、意外に貯金型なんですよ。

つまり、税金というかたちでお金を移動するにしても、それを「形あるもの」や「長く使えるもの」のほうに使おうとする。要するに、「『右から左へ消えていくもの』にかけるお金を『形あるもの』のために使って、それを公共財として長く使えれば、その価値は増えていく」と考えるわけだよ。

例えば、道路をつくるのに、お金がいくらかかるかは知らないが、あるところに道路をつくるとする。まあ、あなたがたの学園まで行くための広い道路をつくるのにお金がかかるとする。その分は大変だけれども、いったん道路をつくったら、長く使えるよね。その効用を考えれば、お金を使ったほうが有利だし、財産として残るよね。

だから、私は、「使ったお金以上の財産ができる」というような考え方を持っているわけだ。つまり、私の考えは、そういう、「消費していく方向でお金を使う」という考えではなく、「もっと価値のある財産を遺して、さらなる経済発展をつくる」という考えなんだよ。

彼らが、今、使おうとしているのは、ケインズ政策の亜流だろうけれども、いわゆる消費レベルの「右から左へ流れていくもの」のためにお金を使おうとするのは、万里の長城の発想から見たら、基本的に間違っているよ。

実際に経済効果があった万里の長城

里村　ああ、なるほど。要するに、「マネタリズムのほうで言う『ヘリコプターマネー論』（ヘリコプターで上空から現金をばら撒くような景気対策）と、ケインズ政策は違うものだ」ということですね。

ケインズ　それは違う。

里村　そういう、単なる右から左に流すものではなくて……。

ケインズ　今ねえ、宇宙の人工衛星から写真を撮っても、万里の長城ぐらいしか写らないんだからさあ。

匈奴の侵攻を防ぐために、あれだけの構想をつくるというのは、君ねえ、なかなかできることではないよ。しかし、あのおかげで、匈奴は実際に入ってこなくなったわけだからね。

長年苦しんでいたわけよ。どこからでも入ってきて、襲いかかってくるからね。向こうは騎馬民族で、馬に乗ってやってくるから防げない。それで、「どこを攻めてくるか分からないのなら、もう全部囲ってしまえ」ということで、万里の長城を築いたところ、実際上、防げてしまったのは事実なんだよ。

その意味では、富の損失をすごく防ぐことができたんだ。とにかく彼らは、村を襲って略奪や暴行を繰り返していたので、本当に、ものすごい軍事費が必要だったのに、万里の長城を築くことによって、その費用を大幅に削減できた。それから、穀物や金、あるいは女子供が奪われるのをかなり防いだので、経済効果はちゃんとあったわけだ。

だから、ヘリコプターからお金を撒くのと一緒ではないよ。

Chapter3

「円高」や「TPP」をチャンスに変える

1　ケインズなら「円高」をどう生かすか

吉井　今、円高を背景として、日本企業による海外企業のM&A（合併、買収）が非常に進んでおり、昨年二〇一一年上期は、それまで過去最高だった一九八九年下期を超えて、最も多かったということです。

一方、マスコミのほうでは、「日本の輸出産業にとっては痛手なので、円高はよくない」というような報道が多いのですが、ケインズ先生の目には、ストロング・エン（円高）というものが、どのように見えているのでしょうか。

また、円高を、今後、どのように生かしていけばよいかについても、教えていただければと思います。

「輸入を拡大して消費景気を起こす」のがセオリー

ケインズ　何か、みんな古いんだよな。輸出立国の思想で、まだ言っているのだろうと思うけど、今の日本の経済では、実際は、輸出の部分は十パーセントぐらいしかないのではないか。

里村　ＧＤＰに占める割合は十数パーセントです。はい。

ケインズ　全体の十パーセントぐらいしかないから、そんなに大きな影響はあるはずがない。輸出しかやっていないような企業へ行って取材をすれば、悪い悲鳴ばかり聞こえるだろうけど、原材料は、日本でできているものではないからね。

輸出品のうち、「原材料が日本でできているもの」と言えば、もう、数は限られているだろう? 例えば、国産の大根とか黒豚とかを輸出するのなら、円高はきついかもしれない。

しかし、「外国から資源を買い、国内で加工して輸出する」というスタイルであれば、円高だと安く買えるので、相殺されて円高の部分は消える。だから、そんなに問題ではないはずだ。

まあ、一般的には、輸入を拡大して消費景気を起こすのが、基本的なセオリーだよな。

円高は、日本が「成熟国家」になったことの証

ケインズ　私は、そんなに大きな問題ではないと思うし、そもそも、自分の国の
通貨が強くなることを悲観する国民というのは、おかしいのと違うか。基本的に、
それは、いいことなんだ。別に、それで国は潰れやしないよ。おそらく戦前には、

一ドル一円か二円の時代もあったはずだけれども、別に、それで国が潰れたわけではないからね。

戦後、一ドル三百六十円に設定されたのは、「日本を立ち直らせるために、アメリカが優遇レートを敷いてくれた」ということだよ。実態はそうではなかったけれども、長らく固定相場で、一ドル三百六十円にしてくれた。すごい円安レートで固定してくれたわけだよ。そのおかげで、戦後、日本の輸出産業は、アメリカなどにたくさん輸出ができ、それで、ドルをたくさん儲けて、日本は復興できた。つまり、アメリカは、戦後の復興を支えてくれたわけだね。

中国も実は元安で同じ恩恵に預かっている。元が安い相場をずっと維持してくれたのは、中国を発展途上国と見ていたからだ。輸出しやすいようにして、中国にドルをしっかり儲けさせてやったわけだね。

しかし、中国も、そろそろハンディを削っていかなければいけない時代になっている。「元高(げんだか)にしなければいけない」ということになってくると、中国の輸出産業は苦しむよね。だから、ああいう十パーセント成長というのは許されなくなってくるだろう。それが、これからの時代だよな。

要するに、「円高になった」ということは、「ハンディなしになっていこうとしている」ということだ。その意味では、「もう成熟国家になった」ということなんだよ。

「円高になっていく」というのは、ゴルフで言えば、プロに近づくにつれてハンディが削られていくのと同じことなので、日本は、やはり、円高のなかで戦わなければいけない。

ただ、弱い国というか、これから発展しようとする国に対しては、その国の通貨を安く見積もり、輸出しやすいようにしてやって、その国からものを買ってやらなければいけない。そうしないと発展しないからね。

円高であるということは、ほかの通貨も、日本の円に対して安いはずだ。そして、円に対して安い通貨の国には、発展途上国もたくさんあるだろうから、そういう国は、日本に対して輸出しやすくなるわけだよな。つまり、そこから買ってやることによって、彼らの国も、かつての日本のように、成功軌道に乗って発展するわけだよ。

だから、日本は、こうした国からものを買ってやらなければいけない。そして、輸入景気を起こし、内需を拡大していかなければいけない。

これは、やはり、先進国としての義務なのではないかな。

2　日本は「TPP」に参加すべきか

黒川　今、「輸入を拡大する」というお話がありましたが、一方では、反対論も根強くあります。例えば、昨日の『日銀総裁とのスピリチュアル対話』において、白川総裁の守護霊は、「人口を減らしつつ、鎖国状態に戻っていくのが望ましい」と語っていました。

今、日本は、「TPP（環太平洋パートナーシップ）に参加し、〝開国〟すべきかどうか」ということで議論が割れていますが、この問題について、ケインズ先生は、どのようにお考えでしょうか。

ケインズ　いやあ、それは、今言ったとおりだよ。かつてアメリカがやったことを、日本もやらなければいけない時代に来ているんだ。

農業などを、ブロック（関税障壁）で守るのは、もう無理だよ。「日本人の口に合わない」とか、いろいろな言い方はあるのだろうけど、口に合わないのなら、合うものをつくるように指導し、現地でそれをつくらせて輸出させ、相手の国を成長させるようにすべきだ。

もし、「現地主導では、何かのときに困る」というのであれば、日本から出資して合弁会社をつくればいい。いろいろな国に合弁会社をつくって、日本に輸出させるようにすれば、ある程度、コントロールが効くだろう。

「現地の人たちが会社をつくるときに、日本企業からも出資して合弁会社をつくり、彼らに日本人好みのものをつくらせて、日本に輸出させる」ということだな。

これは、できるよ。茶葉だって、日本企業が、中国にだいぶ進出して、つくらせているはずだからね。農薬をかけまくった中国のお茶なんか、誰も飲みたくないだろう？　だから、日本からちゃんと指導員が行って、お茶をつくっている。お茶の会社の人が行って、農薬をそんなに使わずに安全に栽培する方法などを指導して、茶葉をつくっているはずだよね。

まあ、そのようにしなければいけない。一部の感情論を聞いて、先進国としての義務を果たそうとしないのは間違っているね。

やはり、第一次産品を輸入しなければ、先進国としての義務を果たせない。ほかの国を豊かにすることは、基本的にはできないと思う。

だから、反対する声があっても、やはり、やらなければいけないのではないだろうか。私は、TPPが、国内の構造を改革していくチャンスだと思うよ。

日本の農家のみなさんも、文句を言われるのであれば、株式会社化なされて、海外に合弁会社をおつくりになったらいかがだろうか。もちろん、日本で農業をするのではなく、「エグゼクティブとして、農業指導員として、現地の合弁会社に行き、農業生産を指導する」ということだよ。所長さんとしてお行きになれば、ご出世もなされるから、ぜひ、そうされるべきではないだろうかね。

これは、イギリスが、かつて、インドで茶葉をつくって紅茶を輸入していたときに、やっていたことと同じなんだよ。

私も、生前、インド省に勤めていて、インドの茶葉をイギリスに持ってくる仕事などをしていたものだからね。そのときの経験から、私の経済学は発展したわけだ。まあ、少し変な話をして申し訳ないが、基本的には、それをやらなければいけないんだよ。

要するに、大英連邦(れんぽう)ならぬ、「大日本連邦(だいにほんれんぽう)」をつくらなければいけないんだよ。

ＴＰＰだって、日本のリーダーシップよろしきを得れば、アジア太平洋圏(けん)に大日本連邦が出来上がる。日本の指導による農業や漁業など、いろいろなものが出来上がってくると思うよ。

3 円高のトレンドは止まらない

里村　大日本連邦的なものに向かう上で、円高は武器になると私は思います。

しかし、去年の夏以降、日本の財政・金融政策担当者たちは、円高を是正するため、大量に円売りドル買いを行いました。年末には、「アメリカの財務省は、為替介入に反対した」という報道もあったのですが、このへんの為替介入について、ケインズ先生は、どう見ておられるでしょうか。

ケインズ　もう、頭が古いんだろうね。それは、昔やったことの繰り返しだろう？　何度でも繰り返してやる。これは、日本人の特徴なんだよ。

第二次大戦のときにも、同じような攻め方を何度も繰り返していたよね。「万歳突撃を何回でも繰り返す」というのが日本人の特徴であり、ヨーロッパ人は、みな、笑っていた。全然イノベーションがなくて、いつも同じように、「天皇陛下、万歳！」と言って突っ込んでくる。機関銃で待ち構えているのに、突っ込んでくるんだよ。一回、成功したら、何度でもやる。

為替介入などというのは、今は、やったって無駄なんだ。「そんなことも分からない」ということ自体、日本銀行がもはや機能していない証明だよ。

介入自体、もう意味をなさないんだ。

「なぜ円が買われているか」ということを考えれば、もう、円高は必然だよ。

トヨタには、「一円、円高になれば、いくら利益が減る」という計算があるかもしれないけど、トヨタだって、鉄鉱石や鉄の鋼板を、オーストラリアなどのいろいろな国から、いくらか買っているはずだよね。

そちらのほうは安くなっているわけだから、調整されるに決まっているんだ。だから、そんな悲鳴を聞いてはいけない。

円高になれば、それだけ安く買えるようになるわけだからね。「一円、円高になると輸出が苦しくなる」と言うけど、原材料を一円安く買えるようになるわけなので、マスコミにしても、両方の面をきちんと報道しなければ、嘘だよな。

もう、介入には意味がないと思うね。私は、円高は、まだまだ、どんどん進んでいくと思う。私に見える図は、一ドル七十円などというのではなく、もっと先まで見えている。一ドル五十円を割って、さらに円高が進むところまで見えているので、それに対応できるように、日本全体を変えていかないといけないね。

介入は無駄だ。

Chapter4

ＥＵの今後を予測する

1　ユーロ危機をどう見るか

「弱者連合」になっているEU

黒川　今、「将来的には一ドル五十円を割り込む」というお話がありましたが、ケインズ先生は、EU（欧州連合）の通貨ユーロについては、どのように見ておられるでしょうか。

ケインズ　EUは、今、弱者連合になっているのでね。ここも、調整しようと努力していると思うけれども、今のところ、よい材料があまりないんだよな。

「とにかく、くっつけば、よくなるか」と言えば、そんなことはない。

要するに、貧乏（びんぼう）な国ほど、くっつきたがってやって来るものだから、豊かな国が貧しくなってきている。今、そういう状態が続いている。

ＥＵは、ドイツ、フランスあたりが中心だけれども、もう、ドイツが泣き出しているような状況（じょうきょう）だよな。これは、きついね。

通貨の統合がうまくいかない理由

里村　私には、その点に関して、気になっていることがあります。

一つは、「ユーロの危機が、世界的な金融（きんゆう）危機につながるおそれがある」ということです。もう一つは、ケインズ先生が、第一次大戦後に書かれた『平和の経済的帰結』という本のなかで、「ドイツに過大な賠償（ばいしょう）を課すと、それは必ず次の戦争の引き金になる」と指摘（してき）されたように……。

ケインズ　そうそう。

里村　かたちとしては、当時と非常に似てきているように思います。

ケインズ　ああ、なるほど。

里村　つまり、今回、弱者連合のツケをすべて、ドイツ一国に負担させるようなかたちにしてしまうと、今後、ドイツは単独行動を取り始め、ヨーロッパがおかしくなるのではないかと思います。

ケインズ　ハハハハハ。

里村　そのへんについて、ケインズ先生の見方はいかがでしょうか。

ケインズ　ドイツは、東ドイツを吸収しただけでも、十分、苦しかったんだよ。あれだけでも大変だったのに、今は、それ以外の、あなたがた日本人が知らないような国がたくさん参加したがって、困っているんだ。それで、当初、サッチャーさんは、「通貨の統一は意味をなさない」と言って、早々と見切ったんだが、それが当たり前だと思うよ。

例えば、「日本銀行が、台湾（たいわん）や韓国（かんこく）、フィリピンやインドネシアの経済を全部見ながら、通貨の供給をやっている」と考えてごらんなさいよ。日本国内でさえ、適切な調整ができないのに、「インドネシア経済をどうするか」「台湾経済をどうするか」など、そんな調整ができるわけがないよ。

つまり、そういうことがＥＵで現実に起きているわけだ。

ほかの国の事情なんて分からない。言葉さえ分からない。それなのに、くっついているわけだから、まあ、通貨を統一した時点で、ある意味では、EUの崩壊は決まっていたわけだよ。

ヒトラーが、軍事力でもって、やろうとしたことを、EUは、「通貨の統合」というかたちでやってしまったわけだけど、私は、「EUは崩壊する」と見たサッチャーさんの目のほうが正しかったと思うね。

やはり、EUのなかから、豊かな国が幾つか出てこないと、助からない。だから、この問題は厳しいね。EUの有力国も、どちらかといえば、今、かつてに比べて没落中なので、きついね。

戦前の日本の「植民地経営」に学ぶ教訓とは

ケインズ　日本で言えば、戦前、台湾や朝鮮半島を併合したり、満州を支配したりしたけど、経済的には、結果として損をしたんだ。つまり、「資源が取れる」と思ったところが、実際は、日本からの持ち出しのほうが多かったんだよ。設備投資をたくさんさせられたからね。

日本が、台湾や朝鮮半島、満州に対して、どれだけ投資をしたか分かるかね？戦前、すごい投資をしたにもかかわらず、それを回収できないまま、日本は、爆弾(ばくだん)の嵐(あらし)で、やられてしまった。

あれは、そうとうな持ち出しだった。あれが実りを生んでいたら、一定のものにはなったと思うけれども、実りを生むところまでは行かなかったね。

今、日本は、当時のことを責められている。要するに、左翼陣営(さよくじんえい)から見れば、すごく悪いことをしたように思われているかもしれないけれども、現実には、日本が植民地にした諸外国については、日本レベルになるように、一生懸命(いっしょうけんめい)、投資をしていたんだよ。

その結果、彼らの生活が裕福になり、日本レベルに近づいていったけれども、当初、日本が考えていたような「国力増強」にはならなかった。それは、引き上げる力がものすごく要ったからだ。

今、北朝鮮にあるダムだって、かつて日本がつくったものだよ。今も稼働して電力供給をしているが、日本には一円も入ってこない。

台湾にだって、教育のために、学校をたくさんつくっている。しかし、日本に対する報酬は、ほとんど、できていないよ。当時、台湾が日本に売っていたのは、バナナや砂糖ぐらいだ。

満州に関しても、いろいろと開発はしたけど、ほとんど回収になっていないね。

このように、戦前の日本は、投資ばかりしていた。

要するに、当時の日本は、経済が苦しくなってきていたので、いわゆるＥＵのように、「いろいろな国を集めれば、新しい資源が手に入るし、マーケットも大きくなって豊かになる」と思ったわけだ。だから、南の島まで手に入れたんだろう。

まあ、文明実験だったんだろうけど、結果としては、日本はもっと疲弊（ひへい）したかたちになり、損をしてしまったわけだ。

結局、何が言いたいかというと、「連合というのは、本当は、強い者同士が組まなければ強くならない」ということだ。

弱い者を入れる場合は、やはり、条件を付けて、一定のレベルに上げていかなければいけない。「とにかく、ＥＵに参加すればよい」というのではなく、「一定の条件を満たさなければ、ＥＵから除外していく」というぐらいでなければ、レベルは守れないね。

EUに騒乱(そうらん)が起きる可能性が高い

ケインズ　EUは、今のままであれば、ちょっと、無理だと思う。失業率がすごく増えているけど、これは、次の騒乱(そうらん)のもとになる可能性が高いね。

また、豊かな国のほうは、防衛に入り始めるので、貧しい国のほうから見ると、「それは許しがたい」ということになって、略奪(りゃくだつ)、暴行、テロ、さらには侵略(しんりゃく)的なことが起きかねないだろう。そんな感じがするね。

いちばん手っ取り早い経済原理は、銀行強盗(ごうとう)だからね。まあ、早い話が、押(お)し入って、お金を取ってくるのが、いちばん早いわけだ。だから、ドイツなんかは、ケチをしていたら、いつ泥棒(どろぼう)に入られるか分からない状態だよな。うーん。危ないね。

私の感じとしては、EUは、今のところ、あまりよい感じではない。

2　ＥＵを救うためには何が必要か

日本とアメリカの経済がよくなればＥＵは救える

吉井　今のお話と関連して、ＩＭＦ（国際通貨基金）について質問させていただきます。

　ＩＭＦは、ギリシャに対しても金融支援をしていますが、ＩＭＦが支援する場合、基本的には、「緊縮財政と増税によって、財政再建をしていく」という流れになっています。このＩＭＦのやり方や使命について、ケインズ先生は、どのようにお感じでしょうか。

　また、「国際金融のシステムを安定させる」という、ＩＭＦの本来の役割については、どのようにお考えでしょうか。

ケインズ　ＩＭＦといったって、基本的には、「日本とアメリカの財政がよくなければ、もう、あってなきがごとし」なんだよ。

今、ヨーロッパは、自分たちの力で、自分たち自身を救えない状況にあるので、結局、日本とアメリカの経済がよくならなければ、救えない。だから、やはり、日本経済をよくしなければいけないと思うね。

あとは、もちろん、発展途上国に豊かになってもらうことも、一つの方法だとは思うがね。「中国が使命を果たせるか」「インドが使命を果たせるか」という、次の代の問題も当然ある。ただ、そういう時期もやがて来るかもしれないが、技術格差のようなものは、まだ、そう簡単には埋まらないだろう。

それについては、彼らも分かっていると思う。そうでなければ、中国政府がいくら威張（いば）ったとしても、中国人は、秋葉原で電気釜（がま）を買って帰らないよ。恥（は）ずかしい話だ。大量に来て、電気釜をたくさん買って、中国に帰るんだろう?

里村　はい。

ケインズ　宇宙に宇宙船を飛ばしたり、核（かく）ミサイルを飛ばしたりできる国の国民が、電気釜を買いに日本へ来ている。みんな、一族一党のために、たくさん買って帰っている。「航空運賃を使ってまで、秋葉原に来て、電気釜を買う」というのは、「それほど向こうのものの出来が悪い」ということだよね。中国では、よいものをつくれず、粗悪（そあく）品になっているわけだ。

だから、はっきり言って、技術格差は、まだ、だいぶある。中国が日本の技術レベルに追いつくまで、あと、二十年から三十年はかかるだろうね。

彼らは、「本当の意味では、まだ差がある。日本のレベルまで到達できていない」ということは知っている。

アメリカも、現実には、中国からははるかに遠いところにある。中国は、数と国の大きさで、自分たちを大きく見せているけど、現実は、まだ貧しいんだ。彼らは、そのことをよく知っているよ。

国民ほど、よく知っている。国民ほど、中国の新幹線に乗るのが怖いことを知っている。

里村　（笑）

ケインズ　みんな、死にたくない。怖い。怖い。怖いことをよく知っているよ。日本の新幹線だったら乗るけど、向こうのものは怖いことを知っている。

日本の新幹線は、何十年も走っているのに、事故で人が一人も死んでいないけど、この技術力というのは、すごいことなんだよ。

一方、「新幹線の車両が高架から丸ごと落ちて、土に埋められる」という国は、怖い国なんだよ。国民だって、それは怖いんだ。自分の身内が乗っていて、死んでいるはずなのに、当局に「いない」と言われるのは、たまったものではない。やはり、中国は遅れているよね。

世界経済全体がよくなるには、まだまだ時間がかかるけれども、そのためには、人口が多いところ、例えば、中国やインド、アフリカ等を豊かにしていくことが必要だ。「彼らに、豊かなレベルを知らせてあげないといけない」ということだね。

中国人が銀座に買いに来る理由だって、そうだよ。中国国内では、偽ブランドをたくさん売りまくっているからだろう？　やはり、偽物を持っていても、虚しさが残るわけだ。似ているけど、違(ちが)うからね。

日銀総裁は「EUに金を出したくない」と考えている?

ケインズ　まあ、IMFは機能していないかのように言われるけれども、昨日、日銀総裁の守護霊(しゅごれい)さんが「鎖国(さこく)状態がいい」と言っていたのは、要するに、「ヨーロッパなんかと下手に付き合ったら、お金をいくらでも取られる」ということだろう?

里村　ああ、なるほど。

ケインズ　結局、そういうことなんだよ。お金を取られたくないんだ。取られたら、まず返ってこないからね。

里村　そういう面もありますか。

ケインズ　そういうことなんだ。日銀総裁の守護霊が「鎖国しろ」と言っているのは、お金を取られたくないからだよ。

「日本国内が借金経済なのに、なぜヨーロッパのために、お金を出さなければいけないのか。政府に国債（こくさい）を発行させてまで、お金を貸したくない」ということなんだろうと思うね。

Chapter5

日本経済のさらなる発展のために

1　日本経済の行方と日銀の使命

里村　日銀総裁が〝鎖国〟したくなる背景には、結局、巷間、言われるところの、今の日本の「一千兆円の借金」という問題があります。

政府は、「財政破綻がありえるから」という理由で、増税方向へ進んでいますが、ケインズ先生から見て、日本の財政破綻はありうるのでしょうか。

日本の財政破綻などありえない

ケインズ　ないね。うん、ない。ありえない。

里村　それは、何ゆえにでしょうか。

ケインズ　つまり、あなたがたが何度も言っているとおり、実際の借金は少ないからね。現実に、今、国債の九十五パーセントは日本人が持っているし、運用先がほかにないから、日本人は国債を持ち続けるだろう。

それに、日本人は、もともと貯蓄性向の高い国民なので、無駄遣いをしないし、外国のものについては、やはり信用度が低いのでね。

もうすぐ〝朝鮮特需〟が始まるだろう

ケインズ　さらに、もう一つは、私も、もうすぐ戦争が始まると思うよ。

まあ、地震、津波からの復興景気もあるけれども、しばらくしたら、また、〝朝鮮特需〟が始まるだろう。

里村　それは、朝鮮半島における戦争ですか。

ケインズ　そうだね。有事だ。これはもうすぐ始まるだろう。もう近づいていると思うよ。たぶん、朝鮮特需のようなことがまた起きるだろう。

戦争というのは究極の消費だからね。消費すると、メーカーはフル稼働して、いろいろなものをつくらなければいけなくなってくるのでね。

要するに、平和時であれば、普通、車は、事故でも起こさないかぎり、買い替えないわけだけれども、戦争時は、どんどん破壊されていくわけだから、たくさんつくらなければいけなくなる。だから、自動車産業等は、ジープを始めとする、いろいろな車をつくれるようになるし、それ以外にも、軍需品や、その元になるものの生産が、そうとう必要になってくるからね。

そのあとには、おそらく、南北朝鮮統一後の復興のために、そうとう大きな仕事が発生するので、これは、また、ケインズ経済学の出番だと思うよ。

そうすると、日本は、もっと大きな資金をつくらなければいけなくなると思うし、朝鮮半島全体を一定のレベルというか、今の韓国のレベルまで引き上げていくことが、やはり、大事になるだろうね。

まあ、今の日本の借金といっても、実際上、三百兆円もあるかどうか分からないぐらいだよ。日本のＧＤＰが五百兆円ぐらいはあるだろうから、三百兆円ぐらいの借金では、そう簡単に国が潰れることはないだろうね。

それに、まだまだ、新産業を起こせる余地があるしね。

もちろん、「〝鎖国〟をして、人口を減らし、国を人工的に衰退させていく」というつもりだったら、それは厳しくなる。

しかし、先行きを見ればね。例えば、南北朝鮮統一後の、七、八千万人の国家が、ある程度の繁栄をし、この日韓の部分で友好的な経済圏が一つでき、ロシアのシベリア地区あたりとも平和経済圏をつくることができ、あるいは、中国も、かなり政変等が起きるかもしれないが、いずれ完全に日本と同じ経済圏になり、さらに、今、戦争が起きそうなフィリピンやベトナムあたりとも、ある程度、対等に付き合えるところまで経済圏が膨らんでくると、ＥＵとは違ういいかたちで、経済が拡大できるようになると思う。

「銀行の存在意義」とは結局何なのか

里村　そうしますと、まだまだ、資金需要も投資先もあるわけですね。

ケインズ　そうだね。

里村　ということであれば、日本経済をもっと大きくする上でも、その資金を増税によって賄うのではなく、幸福実現党が言っているように、「日銀が、国債の引き受けというかたちで、マネーを供給すべきである」と思うのですが、いかがでしょうか。

ケインズ　要するに、今は、国のＧＤＰ規模がもう全然違うんだからね。例えば、高橋是清の時代というのは、わずか数億円のお金を一生懸命、追いかけていたレベルだと思うよ。

里村　そうだと思います。

ケインズ　今はもう、何百兆円とか、そんな大きな単位だろう？

里村　当時の外債での戦費調達は、七、八億円ぐらいでした。

ケインズ　そうなんだよ。「数億円を調達する」というようなことをやっていたのが、こんなに大きくなっているわけだろう？　これは、もう、当時から見れば、ものすごいバブルだよ。

もし、高橋是清の時代に、「日本は、今から何十年後か、あるいは何年後かに敗戦を迎える（むか）けれども、そのあと、急速に復興して、国全体のＧＤＰ（当時はＧＮＰ）が五百兆円以上あって、国家予算も百兆円近くになるんですよ」というような話をしても、本当に気が狂い（くる）そうになると思う。天文学的な数字になっているからね。

しかし、基本的にそうなるものなので、将来は、経済規模が二倍三倍になると思うよ。

先ほど言ったように、アジアの国等には、まだ資金需要がある。「資金需要がある」ということは、「お金さえあれば、工場をつくり、会社をつくり、事業をつくれる」ということなんだけど、お金がなかったら、できないのでね。

だから、そういう「資金需要がある」というところに、銀行の存在意義があるわけだよ。要するに、「今はお金を持っていないけれども、お金さえ貸してあげれば、数年後、十数年後、あるいは数十年後には、大きな会社になって回り始める」というところをたくさんつくることによって、銀行業も発展するわけだし、そこに、銀行の存在意義があるわけだ。つまり、お金が要らない状態だったら、銀行業は要らないんだよね。

「インフレ路線」をつくらなければ経済発展はない

ケインズ　今、日本の銀行が弱っているのは、基本的に、お金を使ってくれないからだよ。だから、お金を、もっと使ってもらわなければいけない。特に、国内は使わなくなっている。

デフレというのは、一般的に定義すれば、毎年、ものの値段が下落していくことだね。例えば、今、二百万円を持っているとすると、二百万円の車が買える状態だけれども、「来年、この車が百九十万円になる」となったら、まず買わない。一年待つよね。さらに、「再来年は、百八十万円になる。その先は、百七十万円になる」ということであれば、現金を持っているほうが有利だ。要するに、お金の値打ちが高まるわけだから、お金を使わないよね。

そうなると、実際上、ものが売れないだろう? 自動車が売れない。それで、どうするかというと、メーカーのほうが、さらにディスカウント（安売り）せざるをえなくなる。こうして、ものの値段が下がっていき、「デフレ・スパイラル」が起きるわけだね。

だから、君ねえ、日本全部をユニクロにするわけにはいかないんだよ。それは間違いだ。お金を使ってもらわなければいけないので、デフレを放置してはいけないんだよ。やはり、お金を使うほうに、インセンティブ（誘因）を働かさなければいけない。

お金を使ってもらうには、どうしたらいいか。

日銀は、「通貨の信認、信用が大事だ。要するに、通貨の価値を下げないことが大事だ」と言っているけれども、通貨の価値は、デフレだったら上がるわけだよ。つまり、日銀が〝仕事〟をしすぎて、通貨の価値を上げすぎているので、これを下げなければいけないわけだね。

今年、二百万円の車が、来年、二百十万円になるんだったら、人は、今年のうちに車を買ってしまうわけだよ。来年には、十万円高くなるからね。そういうことだろう?

だから、お金を使ってもらうと経済が発展する。要するに、緩(ゆる)やかなインフレ路線をつくらないかぎり、基本的に、経済発展というものはないんだよ。日銀がインフレを否定している以上、経済は発展しない。

ということは、「日銀主導型では、経済発展はありえない」ということだな。あの思想を変えないかぎりね。

里村　はい。

「円の基軸通貨化」に向け、通貨の発行も民営化を

吉井　日銀主導型から脱却し、本当に銀行機能を発揮させるためには、幸福実現党が主張しているように、「今の三メガバンクで通貨を発行する」といった施策も必要ではないかと思います。

ケインズ　うん。それは、ハイエクさんの考えだけどね。ハイエクは、「中央銀行なんか要らない」と言っていたからね。

吉井　はい。

ケインズ　経済の自由論から言えば、通貨の発行を一行だけに握らせたら、自由

にならないに決まっているよ。まあ、明治時代とかには、ほかの銀行からも通貨を発行していたから、それはできることだけどね。

ただ、日銀としては、「何百パーセントものインフレが起きたようなときには、通貨を整理しなければいけなくなるから、その発行を一行だけに絞っておきたい。中央銀行だけなら整理しやすいが、バラバラに出されたら、インフレが止まらなくなる」という考えなんだろう。

しかし、今はインフレではないから、「頑固頭の日銀総裁がなかなか動かず、クビにもできない」という状況であれば、もう、これは、ほかのところからも通貨を出せるようにしないとしかたがないね。私は、そうしてもいいと思う。

まあ、権威の問題があるから、そんなことを言うと、日銀から都市銀行に、「仲が悪くなるぞ」というような脅しをかけてくるだろうけど、こういう役所体質は、少し改善しないといかんな。

だから、できるだけ民営化しないといけない。要するに、「政府、あるいは公でなければできない」ということを、民間でできるようにしていかないといけないよね。

現実には、〝ふるさと再興〟などの名目で、例えば、その町のなかだけで使える「商品券のような通貨」を発行しているわけだよ。民間でも、実際に、そういうことができているんだから、考え方としては、ありうるわけだ。

それから、近い将来、この環太平洋圏では、円がそのまま流通するようになるだろう。要するに、もうすぐ、「円の基軸通貨化」が環太平洋圏下で起きると思うので、その意味では、日本は非常に楽になると思うよ。

今は、「お金が余ると、インフレになって困る」と言っているけど、もうすぐ、環太平洋圏で、円が基軸通貨として通用するようになる。そうすると、もっと円がないと困るようになると思う。

里村　ああ、はい。

ケインズ　だから、通貨はもっと出さないと、実際上、ものが買えなくなっていくと思うね。

日銀総裁は「成功した事業家」に任せよ

里村　そうしますと、今の白川日銀総裁は、ケインズ先生から見て、失格というか、落第、クビ切り対象でございますか。

ケインズ　アハッ。アハハ。

まあ、早く退職金を払ったほうが、よろしいのではないかな。給料が減った分を上乗せなさって、退職金をお払いになられてね。

もう、「日銀総裁は最高齢でなければいけない」というような考えは、やめたらいいよ。

「役人よりも年上でなければいけない」とか、「六十代から七十代でなければできない」というような考えをやめて、もっと元気のいい、脂の乗ったあたりの人に、日銀総裁をやっていただいたほうがよろしいし、実際は、高橋是清もそうだったけど、事業家を経験した人にやってもらったほうがよろしいのではないかな。引退した事業家ではなくてね。

昔、「もともと日銀出身の人が、どこかの商社に天下りして、社長や会長をやり、また日銀に戻って総裁になった」というような例はあったけれども、まだ純血主義が残っているからね。そうではなくて、高橋是清のように、事業をやって成功したような方を日銀総裁にドンと据えてやらせたら、勇気を持って資金供給すると思うよ。「ここはいける。この産業はいける」というところへ、お金をポーンと出してくると思う。

東北の復興にしても、どうせ優柔不断(ゆうじゅうふだん)なんだろうが、これも、「資金をいくら出す」と、パッと決めてしまえば、あっという間に進み始めるんだよ。

だから、もう、二十兆円と言わず、「百兆円ぐらい出しますよ。使ってください」と言ったら、たちまち、グワーッと上向きになってくる。本当にそうなるよ。

黒川　はい。ありがとうございます。

そろそろ、お時間になったのですけれども……。

ケインズ　あ、そうですか。

黒川　今日は、財政政策から金融政策、また、日本の復興、そして、世界経済分析まで、本当に幅広くご指導いただきまして、ありがとうございます。

お金をかけるなら「トランスポーテーションの向上」に

ケインズ　海辺に〝万里の長城〟を築くんじゃないよ（会場笑）。次は、たぶん、それで苦しむことになるからね。

今の時代は、万里の長城ではなくて、トランスポーテーションを向上させること、輸送力を上げることを考えておくことだ。危機対応でも、軍事対応でも、両方できるようにしておいたほうがいいよ。そちらのほうに、お金をかけなさい。そのほうがいいと思う。

黒川　はい。「交通基盤こそが、現代のピラミッドであり、万里の長城である」

ということですね。

ケインズ　そうそうそう。そっちだからね。空に築くんだよ。

2　今こそ、日本の使命を果たせ

里村　最後に、もう一つだけ、よろしいですか。

今日のお話のなかでは、ハイエク先生や、先般亡くなったフリードマン氏など、ケインズ先生の生前には、どちらかというと、「論敵」と言われた方々とも、一部、通じるような考えを述べておられたように思います。

これは、何か、新しい経済学の始まりと考えてよろしいのでしょうか。

ハイエクとは尊敬し合っているところもあった

ケインズ　いや、「論敵」というわけじゃない。私は、ハイエクさんのことを、ちゃんと尊敬していたからね。もちろん、考え方が一部違うところはあったけれども、あの人は、やはり、高潔だよ。考え方が、非常に潔癖で、正直で、人格が高いよね。

里村　ああ、なるほど。

ケインズ　私は、経済学にも、そういう倫理は要ると思うんだよ。ハイエクの言っていることには、倫理が入っている。

生前、私は、緊急対応型で、人々を救うための考え方を出したけれども、当時は、そういう緊急時だったために、「どうやったら、経済を急速回復させられるか」ということを考えたわけだ。

医者であれば、救急車で運び込まれた患者のために、とにかく何でもやるだろう？　悠長なことなど言っていられないので、やれることは何でもする。

しかし、日頃から通院している者に対しては、いろいろな調査や検査をしながら、安全な治療をしていくだろう？　それと一緒で、緊急時と平時とでは、やはり考え方が違うんだよ。

私は、ハイエクさんに対する尊敬の念をちゃんと持っていたし、向こうだって、こちらに一定の評価をしていたわけだから、〝地下〟では、尊敬し合っているところもある。

ただ、理論的に、「どちらが早く効果が出るか」という問題はあったわけだ。

それに、日本の政府が、戦後もケインズ政策をとり続けたのは、「役人の権限が増大するから、そうしていた」というだけのことであって、私が、「そうしろ」と言ったわけではないのでね。

ヨーロッパを簡単に救うことができる日本

ケインズ　たぶん、ユーロというか、ヨーロッパ全体がうまくいかないと思うけれども、もし、日本に、もう一段の経済的なパワーがあれば、今回の危機でも簡単に救えただろうね。

いや、もう、ほんの小さな供給でいいんだよ。立木党首が追及している、日銀引き受けではないけれども、「ヨーロッパが震災に遭った」と思って、お金を出してあげれば、みんな、日本のある東の方角に向かって、五体投地だよ（会場笑）。拝んで拝んで拝み倒すぐらい、感謝したと思うね。そんな大した額ではないよ。本当に、二十兆円ぐらい出してあげたら、ヨーロッパなんか、もう、〝キンキラキン〟になったはずだ。あんなに危機が連鎖するというのは、よほど力がないからなんだよ。だから、融資するだけで十分だったはずだ。

「それが不良債権になると、また日本の財政赤字が増える」とか、まあ、そんなことを考えるんだろうが、経済発展ということを、もう少し考えなければいけないね。

長期的な視野を持って「やるべき投資」を行うこと

ケインズ　これから、ほかの国とのかかわりが出てくることを考えると、やはり、資金の供給が優先する。資金がないと、事業を起こせないのでね。国内であれば、実際に、手金をつくって事業を起こすことも可能かもしれないが、アフリカの人に、「自分で手金をつくってから、大事業を起こせ」と言ったって、そんなことはできるわけがないよ。

ある意味で、銀行業というのは虚業だけれども、「見ることができない信用を背景にして、資金を供給し、産業を育てる」という基本は大事だね。ただ、長期信用銀行を潰してしまった今の日本では、その使命を果たせない状況になっているので、それについては、少し考えなければいけない。

つまり、「十年もの長期にわたってお金を貸し付け、発展させる」というようなことを、昔の日本は考えていたわけだからね。今は、少し、短期的な視野になっているのではないかな。

やはり、バンカーに、「これは十年後に回収できる」「これは二十年後に回収できる」というのが見えるだけの目があれば、自ら信用を創造しても構わないわけだよ。

原始時代から見れば、ものの値段は、ずっと上がりっぱなしなんだから、基本的に、「インフレが悪」というのは間違いだ。要するに、「価値の創造が伴っていれば、バブルでも何でもない」ということだね。

例えば、貧しい農業国が、工業もできるようになり、学校をつくることで教育レベルが上がり、豊かになっていくのなら、それは、いいことだし、本物だ。

おそらく、国内でも、それと同じことが言えるはずだよ。東北だって、もっと近代化し、ピカピカの近代都市をいろいろとつくったらいいと思う。「いやあ、東京より、こちらのほうが何かいいねえ」というような感じかな。まあ、「六百年後には震災に遭うかもしれないけど、それまでの間は、東北に住みたいなあ」というようなものを、思い切ってつくったらいい。

もし、それぞれの被災地に、新宿並みの高層ビルが一個ずつあったら、本当は、みんな、逃げられたのではないかな。そう思うね。

だから、やるべき投資は、やはり、きちんとやったほうがいいと思うよ。

未来ビジョンを持って「公の使命」を果たせ

黒川　そういう意味では、今、政治家の責任というものが、本当に短期的な人気取りに終わってしまっているように思います。

ケインズ　日本の総理は、一年ももたないから、そんな先のことは考えていないんだよ。

今の総理も、「消費税を上げるときに自分はいない」と思っているだろうからね。本当に短期総理だから、もう少し長期的に考えるところがどこかにないと、やはりいけないよな。

本来、長期的に考えるべきところが責任を取らないのでは、もう、どうしようもないね。長期で考えられるのは、宗教ぐらいかもしれない。ここ（幸福の科学）は、「三千年」と言っているからね。

黒川　そうですね（笑）。

ケインズ　ええ。まあ、これは、秦の始皇帝並みの構想が立つのではないかな。すでに、匈奴はなくなっているけどね。

黒川　幸福実現党も、何千年後というのは無理ですが、三十年後、百年後を目指した未来ビジョンを打ち出しておりますので、何としても、ケインズ先生の政策を実現してまいりたいと思います。

ケインズ　「信用の先出し」というのは、一見、おかしく見えるかもしれないけど、それを「借金の先行」とだけ考えるのは間違いだよ。

その後、実際に産業を生み出したり、経済発展が起きたりするのなら、それは、「借金の先行」ではなくて、「信用を創造するための投資」に当たる部分であって、それを公的な仕事でやらないのであれば、公というのは意味がない。それは単なる私企業だよ。「経営の安全だけを考えるのは私企業だ」と思っていい。私企業だったら、「ものをもらわずに、先にお金を出す」というような恐ろしいことはできない。普通は、代金を支払う代わりに、きちんと商品を受け取るだろう？　これは私企業だよ。

しかし、国や公共団体、あるいは公というのは、そうではない。将来のために、十年後のために、お金を出すわけだよ。これは、私企業的に見たら、借金先行のように見えるけれども、公にとっては、当然のことであってね。それが、「与信」なんだよ。未来ビジョンがしっかりしておれば、信用を与えても、全然問題はないと思うね。

黒川　はい。本日は、長時間、ご指導いただきまして、本当にありがとうございいました。

里村　ありがとうございました。

ケインズ　はい。

大川隆法　（ケインズに）ありがとうございました。

エピローグ

大川隆法　ケインズにしては柔軟な意見だったかもしれません。感想はどうですか。

黒川　予想していたよりも柔軟で、私たち幸福実現党がベース（基礎）としている自由主義に近い考えだったと思います。

大川隆法　そうですね。ただ、やはり何か、国債に関する理解のところに違いがあるようでした。

現在のケインズの考えでいくと、日本のような大国になれば、「国債を発行する」ということは、「単に借金をする」ということではなく、「アメリカがドル紙幣を刷っているような感覚に近い」ということですね。彼は、そう見ているのでしょう。

黒川　ケインズ先生には、アジア太平洋圏に大日本連邦ができるビジョンが見えているようです。

大川隆法　そうそう。そういう感じに見えました。

ケインズは、国債について、「国債という名の信用枠をつくっているにすぎない」と見ているようです。

つまり、彼は、国債を、単なる借金の証文のようには見ていないわけですね。

黒川　「円が基軸通貨になる」ということを視野に入れて、これから、日本人の考え方を変えていかないといけないと思います。

大川隆法　確かに、日本人は、そこまで考えていませんね。

これは、かつて、大英帝国が行ったことでしょう。イギリスは、植民地をたくさん持ち、英連邦をつくりました。しかし、植民地になったところは、みな貧しくなったのです。なぜなら、イギリスは搾取をしたからです。例えば、インドは、百五十年もの間、イギリスの植民地になっていましたが、その間、まったく発展をしなかったので、「完璧に搾取をした」と言えるでしょう。

一方、「日本の場合は、朝鮮半島や台湾などにお金を持ち出しただけだった。そこでの実りを刈り取る前に、敗戦をしてしまった」と、ケインズは言っていました。

まあ、相手国の発展も考えてあげながら、共存共栄できるようにすれば、連邦のようなものをつくるのは、悪いことではないのかもしれませんね。

黒川　その意味では、私たち幸福実現党としても、「世界のリーダーとしての日本」ということを、政策として掲げていきたいと思います。

大川隆法　本当は、ヨーロッパの危機を助けてあげたほうがよかったのではないでしょうか。こういうときに恩を売っておけば、そのあとが全然違うのに、日本は、今、逆に鎖国に入ろうとしています。ギリシャやイタリアの財政危機ぐらい、簡単に救えたはずなので、とても残念ですね。

ギリシャでは、大量の失業者が出て、暴動が起きましたが、暴動が発展して戦争にでもなったら大変ですよ。

日本には、もう少し、「公的使命の自覚」が必要です。

黒川　その意味で、ケインズ先生は、日銀の白川総裁の守護霊とは、まったく正反対の考えだったと思います。

大川隆法　今回のケインズの霊言では、「災害対策として、万里の長城に代わり、交通輸送力や航空輸送力を向上させることを提案してきた」という点が、新しかったでしょうか。

また、「〝水攻め〟の次は、〝火攻め〟だぞ」という恐ろしい予言もありましたし、「朝鮮半島で戦争が起きるかもしれない。あまり望んではいけないかもしれないが、特需が起きるのではないか」ということも言っていました。

このへんも、少し頭に入れておきたいと思います。

結局、ケインズとしては、「円の通貨供給量は、もっと必要である」という考えのようでした。つまり、ドルが担っている使命の一部を、円が肩代わりしていかなければいけなくなるのだろうと思います。

頑張（がんば）りましょう。

黒川　ご指導ありがとうございました。

あとがき

アメリカ合衆国は憲法で政教分離を定めている。しかし現時点で、六百万人程度の信者しかいない、マイナーな宗教『モルモン教』の信徒であるロムニー候補が共和党の有力大統領候補として注目を集めている。他宗派の批判の中、政治家としての信念や実力を的確に判断するアメリカ国民は、やはり一歩進んでいると思われる。

日本の教育者やマスコミ人は、アメリカに学び、政教分離規定の正しい意味を理解すべきだ。

それは、絶対に、絶対に、信仰を持つ者に政治をさせないという意味に解釈してはならない。その反対に、信仰者に、自由な発言や、行動を、制度的に保障(ほしょう)する規定なのだ。信仰を持つ者が、自由に政治を語り、批判するための防波堤なのだ。

二〇一二年　一月十三日

国師(こくし)　大川隆法(おおかわりゅうほう)

『もしケインズなら日本経済をどうするか』大川隆法著作関連書籍

『未来創造の経済学』（幸福の科学出版刊）

『日銀総裁とのスピリチュアル対話』（幸福実現党刊）

もしケインズなら日本経済（にほんけいざい）をどうするか

―日本を復活させる21世紀の経済学―

2012年1月27日　初版第1刷

著者　大川隆法（おおかわりゅうほう）

発行　幸福実現党

〒104-0061　東京都中央区銀座2丁目2番19号

TEL(03)3535-3777

発売　幸福の科学出版株式会社

〒142-0041　東京都品川区戸越1丁目6番7号

TEL(03)6384-3777

http://www.irhpress.co.jp/

印刷・製本　株式会社 堀内印刷所

落丁・乱丁本はおとりかえいたします

ISBN978-4-86395-169-3 C0030

幸福実現党

温家宝守護霊が語る 大中華帝国の野望

同時収録 金正恩守護霊インタヴュー

大川隆法　著

温家宝首相の守護霊が、日本侵略計画や対米戦略の本心を語る。さらに北朝鮮の新たな指導者・金正恩の心の内を明らかにする。

1,500円

世界皇帝をめざす男

習近平の本心に迫る

大川隆法　著

中国の次期国家主席・習近平氏の守護霊が語る「大中華帝国」が目指す版図とは？　恐るべき同氏の過去世とは？

1,300円

世界の潮流はこうなる

激震！ 中国の野望と民主党の最期

大川隆法　著

オバマの下で衰退していくアメリカ。帝国主義に取り憑かれた中国。世界の勢力図が変化する今、日本が生き残る道は、ただ一つ。

1,300円

発行　幸福実現党
発売　幸福の科学出版株式会社

※表示価格は本体価格（税別）です。

幸福実現党

平和への決断

国防なくして繁栄なし

大川隆法　著

軍備拡張を続ける中国。財政赤字に苦しみ、アジアから引いていくアメリカ。世界の潮流が変わる今、日本人が「決断」すべきこととは。

1,500円

この国を守り抜け

中国の民主化と日本の使命

大川隆法　著

中国との紛争危機、北朝鮮の核、急激な円高……。対処法はすべてここにある。保守回帰で、外交と経済を立て直せ！

1,600円

日本外交の鉄則

サムライ国家の気概を示せ

大川隆法　著

陸奥宗光と小村寿太郎が、緊急霊言。中国に舐められる民主党政権の弱腰外交を一喝し、国家を護る気概と外交戦略を伝授する。

1,200円

発行　幸福実現党
発売　幸福の科学出版株式会社

※表示価格は本体価格(税別)です。

幸福実現党

沈みゆく日本をどう救うか

野田佳彦総理のスピリチュアル総合分析

大川隆法　著

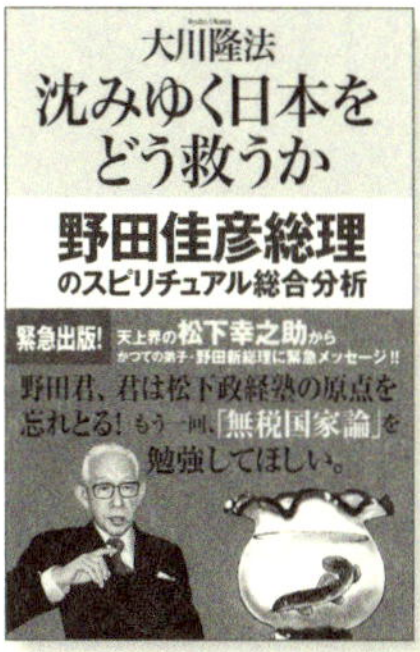

経済政策も外交方針も中身は何もない!?　野田氏守護霊が新総理の本音を語る。また、かつての師・松下幸之助霊が苦言を呈す。

1,300円

公開対談
日本の未来はここにあり

正論を貫く幸福実現党

大川隆法　著

時代に先駆け、勇気ある正論を訴える幸福実現党の名誉総裁と党首が公開対談。震災、経済不況、外交危機を打開する方策を語る。

1,200円

もし空海が民主党政権を見たら何というか

菅さんに四国巡礼を禁ずる法

大川隆法　著

弘法大師空海が公開霊言に登場。発展的なビジョンが描けないまま日本を後退させる民主党政権を、かの弘法大師空海はどう見るのか。

1,300円

発行　幸福実現党
発売　幸福の科学出版株式会社

※表示価格は本体価格(税別)です。

幸福実現党

日銀総裁とのスピリチュアル対話

「通貨の番人」の正体

大川隆法　著

デフレ不況、超円高、財政赤字……。なぜ日銀は有効な手を打てないのか!? 日銀総裁・白川氏の守護霊インタビューでその理由が明らかに。

1,400円

北朝鮮 —終わりの始まり—

霊的真実の衝撃

大川隆法　著

「公開霊言」で明らかになった北朝鮮の真実。金正日が自らの死の真相を、後継者・金正恩の守護霊が今後の野望を語る。

1,300円

国家社会主義への警鐘

増税から始まる日本の危機

大川隆法　著

幸福実現党・名誉総裁と党首が対談。保守のふりをしながら、社会主義へとひた走る野田首相の恐るべき深層心理を見抜く。

1,300円

発行　幸福実現党
発売　幸福の科学出版株式会社

※表示価格は本体価格（税別）です。